S0-AAB-183

first word search

Phonics, Phonics, Phonics!

Illustrated by
Ed Shems

STERLING

New York / London
www.sterlingpublishing.com/kids

STERLING and the distinctive Sterling logo are registered trademarks of Sterling Publishing Co., Inc.

Lot #:
10 9 8 7 6 5 4 3 2
02/12
Published by Sterling Publishing Co., Inc.
387 Park Avenue South, New York, NY 10016

© 2009 by Sterling Publishing Co., Inc.
Illustrations © 2009 by Ed Shems

Distributed in Canada by Sterling Publishing
c/o Canadian Manda Group, 165 Dufferin Street
Toronto, Ontario, Canada M6K 3H6
Distributed in Australia by Capricorn Link (Australia) Pty. Ltd.
P.O. Box 704, Windsor, NSW 2756, Australia

Manufactured in United States of America
All rights reserved.

Sterling ISBN 978-1-4027-7805-6

For information about custom editions, special sales, premium and
corporate purchases, please contact Sterling Special Sales
Department at 800-805-5489 or specialsales@sterlingpublishing.com.

A Note to Parents:

Word search puzzles are both great teaching tools and lots of fun. After reading the word and spelling it out loud, have your child search for it in the grid. Then once it's found, have your child use the word in a sentence. This will help to reinforce vocabulary and grammatical skills.

Directions:

Each puzzle consists of a letter grid and a word list at the bottom of the grid. Each word can be found somewhere in the letter grid. The tricky part is that a word can appear reading across, down, or diagonally. There are many different ways to search for a word. A few hints: First look for words that go across; words that go down; or words with unusual letters in them, like Q, Z, X, or J. Once the word is found, draw a circle around it. It's also a good idea to cross out the words from the word list once you've found them so that no time is wasted searching for the same word twice. Once all of the words have been found, check in the answer section to see if they are right. That's all there is to it!

Good luck and have fun!

Long A Sounds

```
Z  C  N  L  M  C  A  P  E
X  P  K  H  E  A  J  D  S
F  D  R  N  M  H  K  E  A
R  C  A  R  W  A  V  E  F
A  C  G  Y  F  A  D  C  E
M  H  X  H  S  K  N  Z  K
E  R  K  L  F  Y  A  K  M
W  L  A  T  E  G  G  T  R
V  X  L  T  Q  K  N  P  W
```

CANE	LATE
CAPE	MAKE
DAY	SAFE
FRAME	SAVE
GAZE	WAVE

Short A Sounds

M	V	Q	C	A	M	E	L	K
V	K	G	Y	R	L	Z	C	G
N	T	P	R	P	C	A	K	D
S	T	Z	K	A	M	N	A	H
N	J	H	J	S	B	B	T	F
A	S	N	A	P	L	A	N	N
C	K	A	M	N	M	G	K	C
K	T	W	N	D	K	D	R	M
F	C	K	Z	G	K	T	L	N

BAD
CAMEL
GRAB
JAM
MATH

PLAN
SANG
SNACK
SMACK
THANK

B Sounds

```
L T B A C O N T Y
W K R L D F J J G
D T L C D L P B M
L A B E C T J E M
B L B A Y B E A N
J E R B G A X U R
B L A C K I X T T
L B W R L T L Y H
W Y D H D M L M K
```

BABY	BEAN
BACON	BEARD
BAG	BEAUTY
BAIT	BED
BALL	BLACK

BR Sounds

```
B  R  U  S  H  W  N  J  B
N  B  L  B  O  P  H  R  R
L  R  R  R  R  C  R  J  O
T  L  B  A  N  I  G  F  T
B  T  M  A  C  D  N  K  H
R  L  R  F  I  E  L  G  E
E  B  Z  A  Y  N  L  V  R
A  B  R  E  E  Z  E  E  T
K  B  B  R  A  I  N  H  T
```

BRAID	BREEZE
BRAIN	BRING
BRACELET	BROTHER
BREAK	BROW
BRANCH	BRUSH

C Sounds

```
C  D  C  I  R  C  L  E  P
N  B  G  O  K  K  Q  A  W
L  Z  L  L  L  C  L  C  C
C  O  W  P  V  C  C  O  A
C  A  M  C  A  K  E  I  R
Z  A  R  K  L  P  T  N  R
C  P  C  R  W  E  G  X  Y
C  R  A  Y  O  N  A  R  J
F  R  D  T  R  T  R  N  P
```

CAKE
CAMP
CARROT
CARRY
CIRCLE

CLAP
CLEAN
COIN
COLOR
CRAYON

CH Sounds

```
T  C  C  T  C  T  M  C  K
Q  D  J  K  H  T  J  H  W
C  C  C  H  A  R  M  E  K
V  H  K  C  T  H  K  D  H
C  E  A  Y  H  L  K  D  R
H  E  R  R  A  I  N  A  G
U  R  R  H  G  I  L  R  R
R  T  C  Q  H  E  K  L  N
N  B  N  C  H  O  I  C  E
```

CHALK	CHEER
CHARGE	CHILL
CHARM	CHIN
CHAT	CHOICE
CHEDDAR	CHURN

-CK Sounds

```
Z  B  M  G  P  R  R  V  V
T  B  L  K  T  I  Y  K  S
M  R  C  A  F  K  C  K  T
J  I  F  T  C  A  R  K  A
W  C  R  A  R  K  R  W  C
P  K  T  C  F  L  I  C  K
L  T  K  G  F  C  P  G  Z
A  T  U  C  K  T  M  L  T
Y  W  Z  H  B  A  C  K  W
```

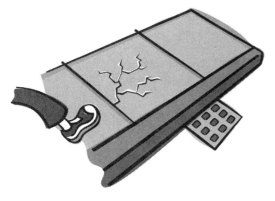

ATTACK
BACK
BLACK
BRICK
CRACK

FLICK
PICK
STACK
TUCK
WICK

CL Sounds

```
C  L  A  P  K  B  C  T  C
C  B  J  C  T  R  F  M  L
F  L  O  X  C  K  A  R  U
D  L  I  M  C  L  O  G  M
C  M  Y  N  C  C  O  C  S
L  W  Z  L  G  L  V  S  Y
O  Q  P  F  K  O  K  C  E
A  C  L  U  T  T  E  R  G
K  B  K  G  P  H  X  D  H
```

CLAM	CLOG
CLAP	CLOSE
CLING	CLOTH
CLOAK	CLUMSY
CLOCK	CLUTTER

DD Sounds

```
Q  M  C  M  U  D  D  Y  W
M  T  Y  D  N  G  G  D  G
T  S  C  Y  N  N  N  G  T
C  H  A  I  I  T  K  R  O
N  U  D  D  X  L  H  I  D
Y  D  D  A  D  D  Y  D  D
A  U  T  D  R  L  O  D  L
P  X  N  R  L  L  E  L  E
M  I  D  D  L  E  C  E  R
```

ADDING
DADDY
CUDDLE
GRIDDLE
MIDDLE

MUDDY
ODD
PUDDING
SADDLE
TODDLER

13

DR Sounds

```
H  X  C  V  G  D  R  U  M
D  R  D  A  R  X  V  M  G
R  B  R  D  D  B  K  N  K
I  D  O  D  D  R  I  N  K
L  J  P  R  R  S  E  N  B
L  T  C  Y  S  O  W  A  K
N  M  F  E  C  O  O  B  M
K  C  R  H  R  B  T  L  N
L  D  K  D  R  A  W  P  Z
```

DRAG	DRINK
DRAW	DROOL
DREAM	DROP
DRESSING	DROWN
DRILL	DRUM

Long E Sounds

```
C T M C H E A P T
M N R C S H E A H
N H A C V P E J E
H E O Z M H E L S
B R N N W F E A E
R D Z K E E N F K
J X R M P Y L L X
T L N V A L L E Y
K T J X T N X A N
```

BEACH
CHEAP
FLEA
HONEY
PEEL

SHE
SPEAK
THESE
WHEAT
VALLEY

Short E Sounds

```
G  T  P  L  T  G  E  S  T
R  V  L  S  N  R  L  E  M
R  E  E  G  G  S  E  N  T
T  B  F  K  C  H  P  D  F
J  W  E  N  T  X  H  W  K
M  I  N  S  T  E  A  D  F
L  E  N  L  K  N  N  R  Y
Z  E  S  R  Q  Z  T  W  C
P  T  D  S  W  K  K  Y  T
```

BEST
EGGS
ELEPHANT
INSTEAD
MESS

PEN
RED
SEND
TELL
WENT

F Sounds

```
R Z G N L L R N G
L B F F U T U R E
N F N L L F B W F
F N A F A C E E L
E K F M D V L K Y
E X B L I B O R I
L C E T A L K R N
B I F F R T Y T G
F G Z K X F L A T
```

FABLE
FACE
FAMILY
FEEL
FIELD

FLAT
FLAVOR
FLYING
FUN
FUTURE

FL Sounds

```
L  Z  Y  F  C  K  L  F  Y
M  F  D  Z  L  X  R  L  M
F  L  A  M  E  A  E  U  R
P  O  Y  Z  B  N  T  T  F
Z  O  Q  X  N  T  N  T  L
Z  R  J  A  P  F  X  E  I
R  C  L  I  L  Y  L  R  N
N  F  L  O  O  D  R  O  G
L  F  L  O  P  P  Y  Z  W
```

FLANNEL		FLOOD
FLAME		FLOOR
FLAT		FLOPPY
FLING		FLOW
FLIP		FLUTTER

18

G Sounds

```
G  G  K  Q  K  M  L  T  G
G  I  G  G  L  E  S  J  A
R  R  F  N  A  O  N  W  R
A  L  Z  T  H  M  V  F  G
N  G  N  G  L  K  E  D  L
D  T  G  A  I  N  O  R  E
M  R  V  H  B  O  T  H  Q
A  W  N  A  G  W  L  N  G
X  J  G  L  R  L  F  D  L
```

GAB
GAIN
GAME
GARGLE
GHOST

GIFT
GIGGLE
GIRL
GOOD
GRANDMA

GR Sounds

```
G  C  N  G  T  G  Y  Y  R
W  M  J  E  R  R  R  C  P
M  H  E  K  T  A  R  I  R
G  R  I  M  R  L  S  R  T
G  K  G  R  A  N  D  S  E
R  M  G  R  O  W  S  D  Y
O  Z  R  K  Q  O  A  M  L
O  P  A  Q  R  R  C  Q  K
M  P  Y  G  G  N  X  F  F
```

GRADE	GRIM
GRAND	GRIT
GRASSY	GROOM
GRAY	GROSS
GREET	GROW

GL Sounds

```
G  L  I  T  T  E  R  C  X
M  G  M  R  H  K  D  B  Z
K  G  L  G  L  A  R  E  J
G  R  H  O  L  G  D  K  W
L  B  G  G  O  I  G  O  Y
U  Z  L  L  L  M  L  L  R
E  X  O  G  A  G  E  N  C
K  C  S  C  J  S  E  L  P
G  D  S  Z  Q  T  S  V  K
```

GLAD
GLARE
GLASS
GLEE
GLIDE

GLITTER
GLOOM
GLOSS
GLOW
GLUE

H Sounds

```
H  P  R  Z  B  B  T  K  B
I  H  E  A  V  Y  M  M  K
G  A  H  H  A  I  R  Y  Q
H  R  G  A  L  M  R  T  W
N  M  H  A  M  T  T  O  C
L  C  E  O  I  M  L  F  L
C  H  B  B  M  L  E  Z  L
P  K  A  D  O  E  T  R  D
H  H  R  H  J  B  H  U  G
```

HABIT	HEAVY
HAIRY	HIGH
HAMMER	HOLLOW
HARM	HOME
HEAL	HUG

Long I Sounds

```
G  M  M  I  M  E  R  V  D
H  N  L  E  V  H  I  V  E
R  P  T  N  D  B  Q  F  N
V  I  F  R  I  T  B  I  V
K  E  R  I  E  N  K  N  E
L  K  N  K  G  L  E  D  L
Z  L  I  N  X  H  I  K  V
T  B  T  V  L  L  T  Y  C
G  K  W  I  S  E  F  N  B
```

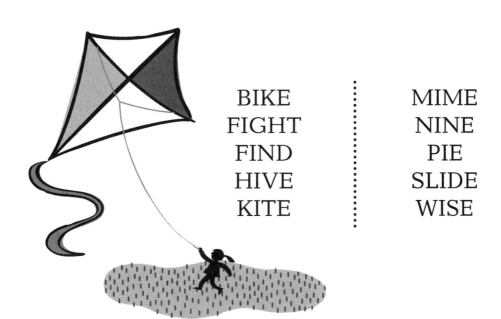

BIKE
FIGHT
FIND
HIVE
KITE

MIME
NINE
PIE
SLIDE
WISE

Short I Sounds

N J I P I N S R K
L W G G C B I I D
M R L H R M X C P
M M O Z I K T W Z
M J O R C L Y N G
C N T I M B L S N
H J H Z L T P Q N
C C B Q V I D E O
C L I P L H M R L

CHICK
CLIP
HILL
IGLOO
LIPS

PIN
SIP
SIXTY
TRIM
VIDEO

J Sounds

```
M  J  X  J  J  Z  G  N  N
Z  G  U  F  O  N  R  V  T
J  O  I  N  T  L  N  K  D
U  J  J  A  I  L  L  E  J
I  E  R  G  K  O  G  Y  B
C  S  J  R  Z  G  R  O  Y
E  T  C  A  A  T  J  M  K
M  E  T  J  Z  J  U  M  P
T  R  D  G  Q  Z  H  F  V
```

JAGGED   JOINT
JAIL   JOLLY
JAZZ   JUICE
JESTER   JUMP
JOB   JUNIOR

-LL Sounds

```
F K L N D B E L L
I B S N R M N L C
L M Z W M Y I W T
L D N X A P O V R
I R R L Y L M D O
N Z L I L T L F L
G E Z A L N L O L
W G Y E L L O W W
V S M A L L H F X
```

ALLOW	SMALL
BELL	SWALLOW
DRILL	TROLL
FILLING	WELL
PILL	YELLOW

M Sounds

```
M U C H M Y Q M X
I M A D E Z J M L
S T M N M M R E N
S W O A U I N A Y
M M Z I M I L L M
M R D N H M H L Z
G E R C M T A Q W
M B A T R R N L V
L M M E L O N Z Q
```

MACHINE
MADE
MAMMAL
MEAL
MEDIUM

MELON
MILL
MISS
MONEY
MUCH

N Sounds

```
X T N N E S T V Z
F N N T I K T V B
N A G A K G R N D
M S N W R T H L D
R T O Y K R D T B
Q Y N A M E O A P
J C E T E M N W J
T D U N N L X R X
D N C M N O R T H
```

NAB	NEST
NAME	NIGHT
NARROW	NONE
NASTY	NORTH
NEED	NUT

-NK Sounds

```
J  K  S  N  Q  E  K  G  V
M  V  T  K  L  N  S  K  Q
Z  O  I  K  U  T  H  K  K
F  X  N  J  K  C  R  N  M
D  A  K  K  D  Z  I  H  Z
C  U  Y  T  E  W  N  O  M
M  L  N  R  K  Y  K  N  P
L  I  N  K  E  D  T  K  Z
Y  B  A  N  K  L  N  T  T
```

ANKLE
BANK
DUNK
HONK
JUNK

LINKED
MONKEY
SHRINK
STINKY
WINK

OO Sounds

```
G K C X R H L V D
O R A N O O N O N
O P S N P R O W N
E M P O G M P O G
Y D O O M A O Q Z
N T O R F T R Q H
S D N H R O F O P
K P J A X Z O O O
C L C L H T T D R
```

CARTOON   MOOD
DOOM   NOON
FOOD   SPOON
GOOEY   STOOP
KANGAROO   ZOO

Long O Sounds

```
H  L  C  C  D  E  M  L  K
B  R  Z  H  N  R  D  V  M
R  H  X  O  O  D  O  Z  S
F  P  L  T  M  S  Z  M  L
K  A  B  O  N  Y  E  A  O
T  H  O  S  E  R  F  N  P
R  N  J  P  K  O  O  Y  E
T  R  O  G  S  J  N  B  F
Q  H  J  P  H  O  N  E  E
```

ALONE	PHONE
BONY	ROBE
CHOSEN	SLOPE
DOZE	SOFA
HOPE	THOSE

Short O Sounds

```
Z  R  O  V  S  T  O  P  B
Y  F  X  S  Q  P  X  P  R
R  M  O  M  T  K  E  R  K
N  R  T  R  C  R  N  T  C
K  G  L  O  G  H  I  T  W
N  W  S  W  G  O  G  C  T
O  Y  J  U  B  O  T  L  H
T  L  O  G  L  R  T  F  X
V  C  M  F  O  G  G  Y  M
```

COUGH	MOM
FOGGY	OSTRICH
FORGOT	OXEN
KNOT	SOCK
LOG	STOP

P Sounds

Q P L A C E M R Y
P R P A I D P E X
P E L X R N R W P
O P P L Q U I T E
O A L P T W N F R
L R P C E E C L S
R E I L R R E V O
K P Y A E H Q T N
C R P L M A Y R N

PAID
PARENT
PEPPER
PERSON
PICTURE

PLACE
PLEA
POOL
PREPARE
PRINCE

PH Sounds

```
P  P  H  O  N  I  C  S  N
H  H  H  V  P  T  E  L  T
Y  A  O  N  G  N  Q  E  T
S  N  W  T  O  R  B  G  R
I  T  X  H  O  A  A  R  O
C  O  P  J  H  Q  R  P  P
A  M  S  P  H  E  R  E  H
L  F  L  L  K  N  D  F  Y
N  A  D  O  L  P  H  I  N
```

ALPHABET
DOLPHIN
GRAPH
PHANTOM
PHONE

PHONICS
PHOTO
PHYSICAL
SPHERE
TROPHY

R Sounds

```
H  Y  N  R  U  N  N  E  R
R  E  A  D  I  T  M  B  T
Z  T  P  G  I  B  H  G  M
R  K  P  B  R  C  B  K  T
L  A  B  R  A  C  E  O  L
F  A  D  E  W  W  E  R  N
R  K  R  I  X  S  Q  I  K
Z  R  T  Y  O  K  C  C  V
V  F  T  R  G  V  X  E  N
```

RABBIT	READ
RACE	RIBBON
RADIO	RICE
RAW	ROSE
REACH	RUNNER

S Sounds

```
S U M M E R Q K Q
P G Z S A D C W Q
H K F E H A T X R
R J S A S R P D F
M S C H W B N V K
R T A N I O S L K
J J O I C P I D F
N O F E L X D W L
S F S E C R E T F
```

SACK	SECRET
SAD	SHIP
SAIL	SIDE
SEA	SOON
SECOND	SUMMER

SC Sounds

```
G  S  M  S  C  A  L  P  E
S  S  C  H  O  O  L  N  L
C  S  X  I  P  X  E  X  S
A  R  C  A  E  C  K  B  C
R  V  R  A  S  N  A  G  O
Y  C  F  W  R  C  C  L  O
S  T  M  J  S  V  D  E  T
S  C  R  E  E  N  E  L  E
T  V  R  R  J  N  V  S  R
```

SCAB	SCHOOL
SCALP	SCIENCE
SCARVES	SCOOTER
SCARY	SCRAP
SCENE	SCREEN

SK Sounds

```
C M T K S K I R T
M S K E L E T O N
P G T M Y R B T K
S S S K X M C E D
K K S K I N T B L
I U E F I A P L W
V L K T K P I Y P
H L V S C K N V Z
K L Q D S H L Q M
```

SKATE
SKELETON
SKETCH
SKI
SKILL

SKIN
SKIP
SKIRT
SKULL
SKY

SL Sounds

```
K V S G T T X R N
N S L I T H E R F
G N E S S L A C K
L X E F L J B Y S
X N P S L A M K L
D T Y B L I N G O
M M A G L O F G P
S L U S H T T T P
S L I P P E R J Y
```

SLAB   SLIPPER
SLACK   SLITHER
SLANG   SLOPPY
SLEEPY   SLOT
SLIMY   SLUSH

SN Sounds

```
H Q H S S T X T Y
D G P N F N H W K
S S L I S N O R E
B N R F T N K U N
K O A F S C T P T
K O K R A Q I L J
L Z N N E N T M T
D E S L S N A I L
M L S N U G G L E
```

SNACK   SNOOZE
SNAIL   SNORE
SNARE   SNOUT
SNIFF   SNOWY
SNIP   SNUGGLE

ST Sounds

```
T H X S T V K N X
H S S T A G G E R
S T E A D Y L L E
T O D L S R T L R
R M S K V T B L P
E P T R S A A M T
A H E Z T T A R H
M C E S J T I T E
D H P L S K F R B
```

STABLE

STAGGER

STALK

STAMP

STARE

STEADY

STEEP

STIR

STOMP

STREAM

SW Sounds

```
K   H   L   R   P   R   L   T   S
S   P   Y   M   S   L   H   Q   W
Z   W   A   S   E   W   E   N   I
Q   W   I   W   R   A   Z   T
S   N   S   S   O   O   N   Y   C
N   T   R   W   H   L   O   C   H
R   G   S   E   S   W   I   P   E
K   P   W   A   K   S   W   A   T
G   W   X   T   V   K   M   R   T
```

SWAMP	SWIPE
SWAT	SWISH
SWAY	SWITCH
SWEAT	SWOOP
SWELL	SWORE

T Sounds

```
G  K  D  T  L  T  F  C  T
J  R  T  I  M  E  T  R  H
T  R  Q  A  T  E  N  R  Y
I  E  V  W  K  M  A  B  M
G  F  S  N  X  E  B  Z  T
E  H  R  T  T  A  N  T  A
R  U  N  V  T  J  K  M  S
T  Z  T  A  B  L  E  J  T
J  N  F  W  T  F  T  N  E
```

TABBY   TEN
TABLE   TEST
TAKE   TIGER
TASTE   TIME
TEAR   TURN

TH Sounds

```
T  T  T  N  W  K  P  H  F
B  H  D  H  N  T  G  N  T
M  W  I  A  E  U  G  M  M
T  N  H  N  O  N  R  K  D
H  T  T  R  G  Y  N  V  E
R  T  H  P  L  I  P  E  V
I  T  I  T  H  I  R  T  Y
L  L  C  T  T  H  E  M  E
L  N  K  G  T  T  Q  K  H
```

THANK	THINK
THEME	THIRTY
THEN	THREE
THICK	THRILL
THING	THROUGH

TR Sounds

```
K  N  V  T  R  I  P  L  E
T  R  U  M  P  E  T  T  H
T  R  A  C  K  Y  R  T  T
T  T  E  T  T  E  U  R  R
T  R  H  A  L  R  T  I  I
X  X  U  I  T  M  P  G  C
F  R  A  L  I  Y  X  G  K
N  R  G  R  Y  L  H  E  Y
T  T  T  G  G  M  K  R  D
```

TRACK
TRAILER
TREAT
TRICKY
TRIGGER

TRIM
TRIPLE
TRULY
TRUMPET
TRUTH

Long U Sounds

```
Z  Y  M  E  L  V  E  F  Y
M  N  G  V  C  L  D  F  W
G  U  T  T  G  U  Q  U  N
H  N  S  U  T  M  T  S  D
M  K  B  I  Y  L  M  E  T
Z  U  N  I  C  O  R  N  U
T  U  T  E  N  S  I  L  N
G  C  P  C  L  C  U  B  E
Z  T  R  J  U  I  C  E  W
```

BUGLE
CUBE
CUTE
FUSE
HUGE

JUICE
MUSIC
TUNE
UNICORN
UTENSIL

Short U Sounds

P U P P Y M Q L K
M N H N U K J L L
D J F L X T U N T
M R P F G H M H R
K R U U U J P E U
N R B M V N D M C
F D D S L N C D K
C K N C U P N L D
L L M T Z N C P E

BUG
CUP
DRUM
JUMP
PLUM

PUPPY
SUN
TRUCK
UNCLE
UNDER

V Sounds

```
V Y M V E R B J N
A K B V A C U U M
U L V N O G R T Y
L K I A M L N F V
T E V T P A U D I
V J B E C O G M D
M W H A S L R R E
Q W V T K T Y C O
K R V I L L A G E
```

VACANT
VACUUM
VAPOR
VAULT
VEIN

VERB
VEST
VIDEO
VILLAGE
VOLUME

W Sounds

```
W  W  V  Z  K  L  K  R  Z
N  O  H  R  L  V  K  R  N
T  B  L  E  W  L  D  R  P
V  B  W  F  A  A  O  K  G
J  L  E  W  D  W  I  D  T
Y  E  E  W  I  D  E  S  B
C  W  K  Z  R  B  N  P  T
T  J  I  W  A  T  E  R  M
B  K  Y  G  F  Q  Q  M  F
```

WAIST

WALK

WATER

WEEK

WELL

WIDE

WIG

WOBBLE

WOLF

WORN

WH Sounds

```
L R W V D Z W Q C
G Q W H E E Z E W
L B W T E Y N R H
C P A H Z T E C O
W H B W O P H Z S
W H R H S O N E E
H V O I Z L P Y R
P T H L Z M H S B
L W R E E W H I Z
```

WHAT	WHIZ
WHEEZE	WHOLE
WHETHER	WHOOPS
WHILE	WHOSE
WHISPER	WHY

WR Sounds

```
W   R   W   R   I   G   G   L   E
R   R   V   R   Y   K   J   H   E
O   W   I   R   E   P   M   L   Z
N   R   W   T   A   A   T   N   F
G   E   F   R   E   S   T   Y   L
H   C   W   M   E   R   V   H   W
D   K   W   R   A   T   H   J   K
B   L   W   N   K   H   Y   L   M
W   R   U   N   G   P   W   B   D
```

WRAP	WRIGGLE
WRATH	WRITER
WREATH	WRONG
WRECK	WRUNG
WRESTLE	WRY

Z Sounds

```
Z  U  C  C  H  I  N  I  R
O  G  N  P  W  K  F  E  P
N  Z  A  Z  M  Y  P  D  F
E  Z  O  G  E  P  Z  F  T
H  N  N  M  I  B  E  K  R
P  I  T  Z  B  H  R  Z  K
Z  M  L  X  D  I  O  A  G
Z  A  N  Y  W  T  E  R  K
D  L  L  Z  I  G  Z  A  G
```

ZANY
ZAP
ZEBRA
ZERO
ZIGZAG

ZING
ZIPPER
ZOMBIE
ZONE
ZUCCHINI

Long A Sounds

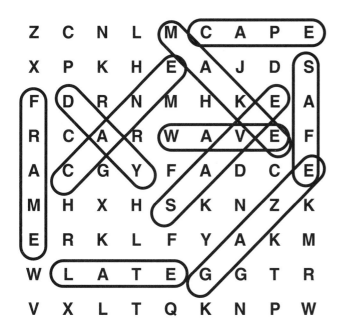

Z C N L M C A P E
X P K H E A J D S
F D R N M H K E A
R C A R W A V E F
A C G Y F A D C E
M H X H S K N Z K
E R K L F Y A K M
W L A T E G G T R
V X L T Q K N P W

Short A Sounds

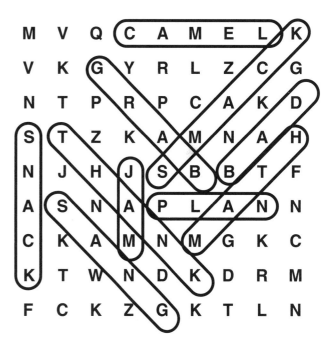

M V Q C A M E L K
V K G Y R L Z C G
N T P R P C A K D
S T Z K A M N A H
N J H J S B B T F
A S N A P L A N N
C K A M N M G K C
K T W N D K D R M
F C K Z G K T L N

B Sounds

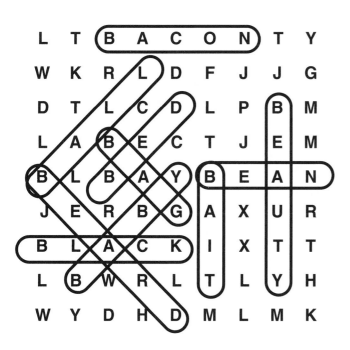

L T B A C O N T Y
W K R L D F J J G
D T L C D L P B M
L A B E C T J E M
B L B A Y B E A N
J E R B G A X U R
B L A C K I X T T
L B W R L T L Y H
W Y D H D M L M K

BR Sounds

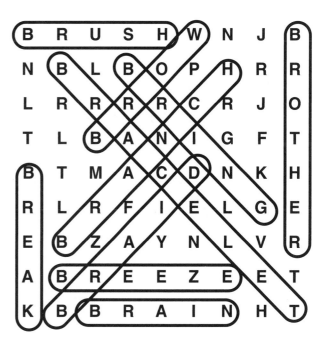

B R U S H W W N J B
N B L B O P H R R
L R R R R C R J O
T L B A N I G F T
B T M A C D N K H
R L R F I E L G E
E B Z A Y N L V R
A B R E E Z E E T
K B B R A I N H T

53

C Sounds

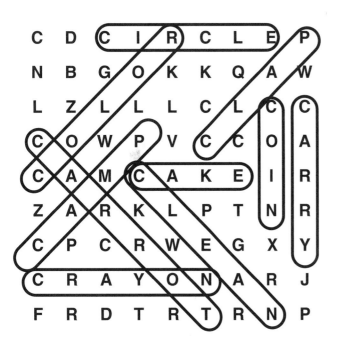

CH Sounds

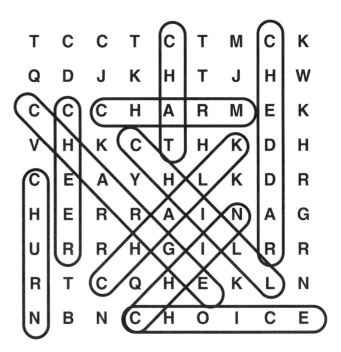

-CK Sounds

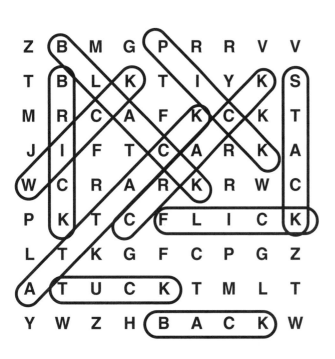

CL Sounds

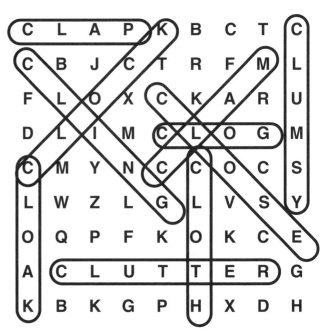

DD Sounds

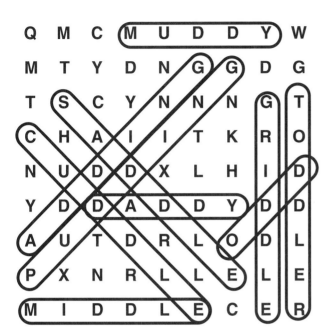

DR Sounds

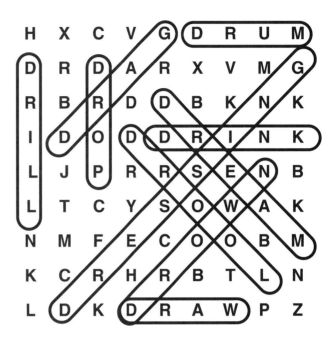

Long E Sound

Short E Sounds

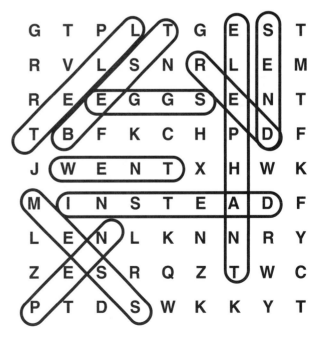

F Sounds

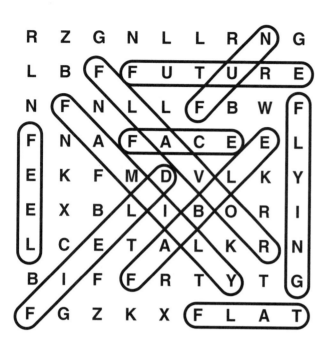

FL Sounds

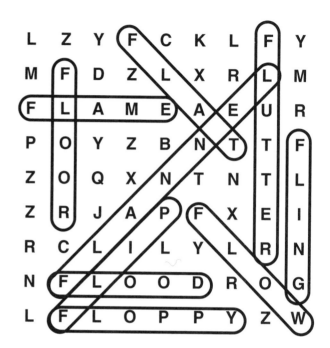

G Sounds

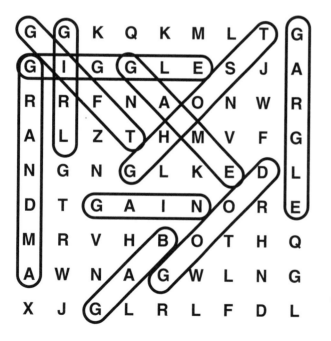

GR Sounds

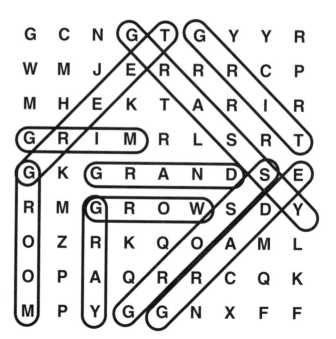

56

GL Sounds

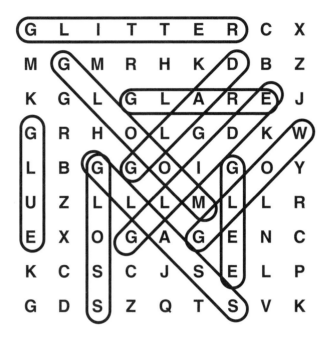

```
G L I T T E R C X
M G M R H K D B Z
K G L G L A R E J
G R H O L G D K W
L B G G O I G O Y
U Z L L L M L L R
E X O G A G E N C
K C S C J S E L P
G D S Z Q T S V K
```

H Sounds

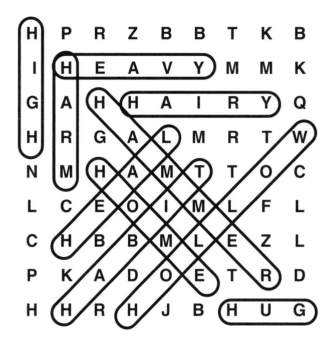

```
H P R Z B B T K B
I H E A V Y M M K
G A H H A I R Y Q
H R G A L M R T W
N M H A M T T O C
L C E O I M L F L
C H B B M L E Z L
P K A D O E T R D
H H R H J B H U G
```

Long I Sounds

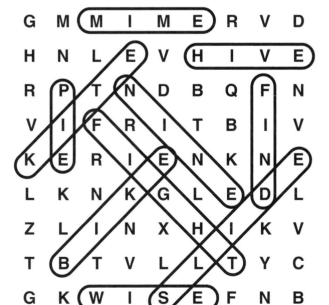

```
G M M I M E R V D
H N L E V H I V E
R P T N D B Q F N
V I F R I T B I V
K E R I E N K N E
L K N K G L E D L
Z L I N X H I K V
T B T V L L T Y C
G K W I S E F N B
```

Short I Sounds

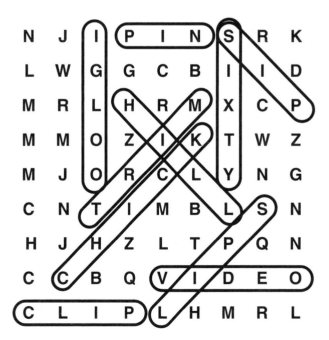

```
N J I P I N S R K
L W G G C B I I D
M R L H R M X C P
M M O Z I K T W Z
M J O R C L Y N G
C N T I M B L S N
H J H Z L T P Q N
C C B Q V I D E O
C L I P L H M R L
```

J Sounds

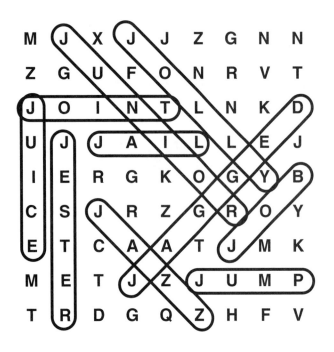

-LL Sounds

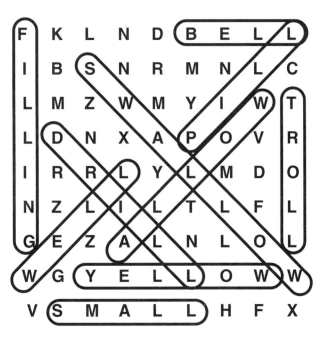

M Sounds

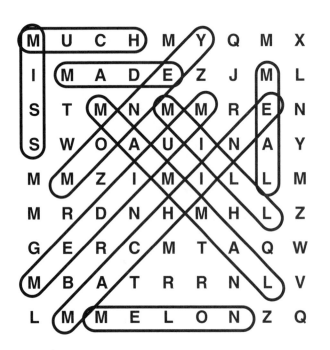

N Sounds

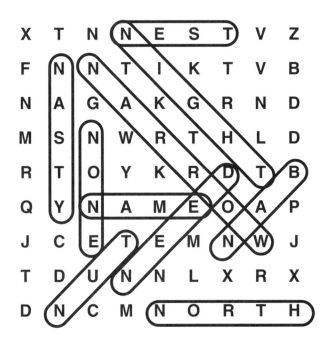

-NK SOUNDS

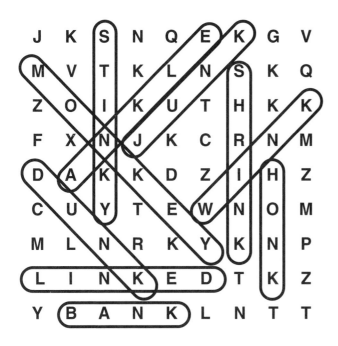

OO Sounds

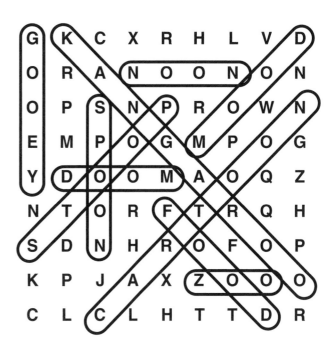

Long O Sounds

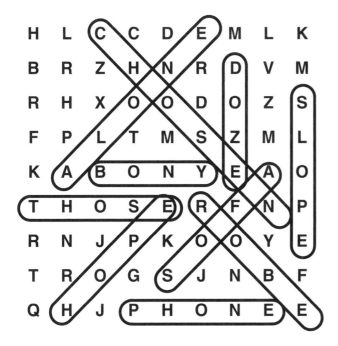

Short O Sounds

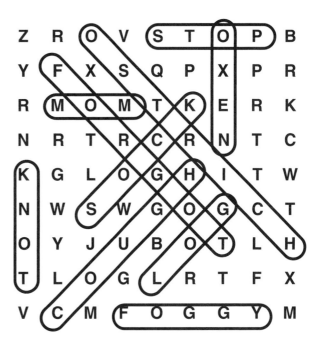

P Sounds

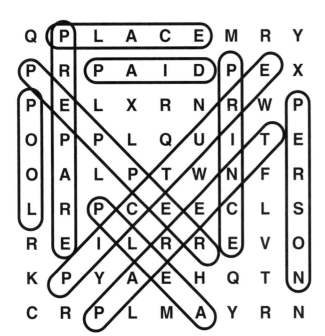

```
Q P L A C E M R Y
P R P A I D P E X
P E L X R N R W P
O P P L Q U I T E
O A L P T W N F R
L R P C E E C L S
R E I L R R E V O
K P Y A E H Q T N
C R P L M A Y R N
```

PH Sounds

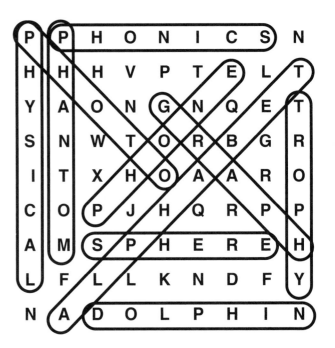

```
P P H O N I C S N
H H H V P T E L T
Y A O N G N Q E T
S N W T O R B G R
I T X H O A A R O
C O P J H Q R P P
A M S P H E R E H
L F L L K N D F Y
N A D O L P H I N
```

R Sounds

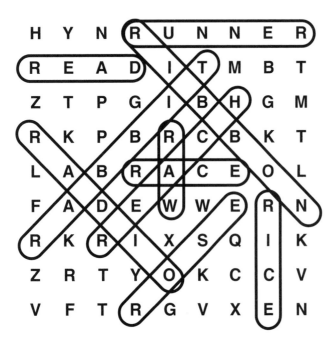

```
H Y N R U N N E R
R E A D I T M B T
Z T P G I B H G M
R K P B R C B K T
L A B R A C E O L
F A D E W W E R N
R K R I X S Q I K
Z R T Y O K C C V
V F T R G V X E N
```

S Sounds

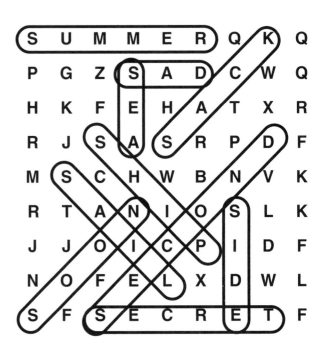

```
S U M M E R Q K Q
P G Z S A D C W Q
H K F E H A T X R
R J S A S R P D F
M S C H W B N V K
R T A N I O S L K
J J O I C P I D F
N O F E L X D W L
S F S E C R E T F
```

SC Sounds

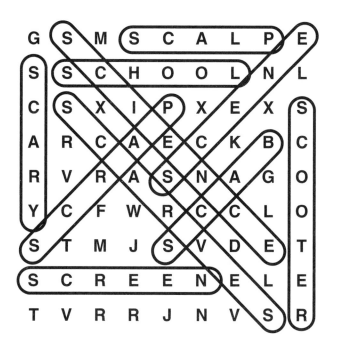

```
G  S  M  S  C  A  L  P  E
S  S  C  H  O  O  L  N  L
C  S  X  I  P  X  E  X  S
A  R  C  A  E  C  K  B  C
R  V  R  A  S  N  A  G  O
Y  C  F  W  R  C  C  L  O
S  T  M  J  S  V  D  E  T
S  C  R  E  E  N  E  L  E
T  V  R  R  J  N  V  S  R
```

SK Sounds

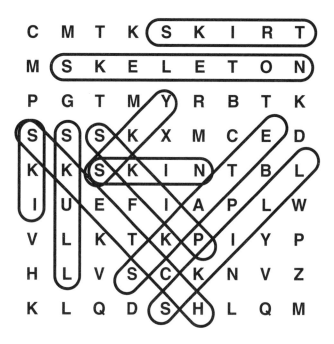

```
C  M  T  K  S  K  I  R  T
M  S  K  E  L  E  T  O  N
P  G  T  M  Y  R  B  T  K
S  S  S  K  X  M  C  E  D
K  K  S  K  I  N  T  B  L
I  U  E  F  I  A  P  L  W
V  L  K  T  K  P  I  Y  P
H  L  V  S  C  K  N  V  Z
K  L  Q  D  S  H  L  Q  M
```

SL Sounds

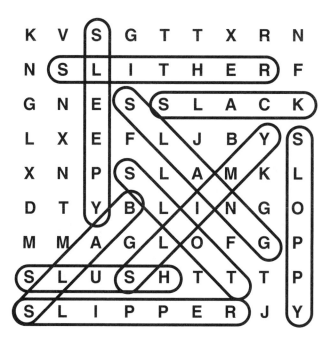

```
K  V  S  G  T  T  X  R  N
N  S  L  I  T  H  E  R  F
G  N  E  S  S  L  A  C  K
L  X  E  F  L  J  B  Y  S
X  N  P  S  L  A  M  K  L
D  T  Y  B  L  I  N  G  O
M  M  A  G  L  O  F  G  P
S  L  U  S  H  T  T  T  P
S  L  I  P  P  E  R  J  Y
```

SN Sounds

```
H  Q  H  S  S  T  X  T  Y
D  G  P  N  F  N  H  W  K
S  S  L  I  S  N  O  R  E
B  N  R  F  T  N  K  U  N
K  O  A  F  S  C  T  P  T
K  O  K  R  A  Q  I  L  J
L  Z  N  N  E  N  T  M  T
D  E  S  L  S  N  A  I  L
M  L  S  N  U  G  G  L  E
```

ST Sounds

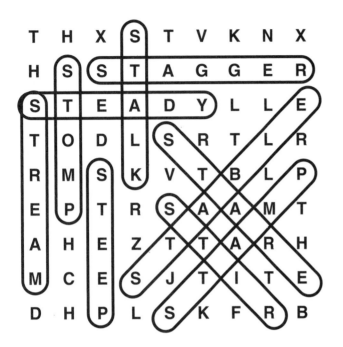

```
T  H  X  S  T  V  K  N  X
H  S  S  T  A  G  G  E  R
S  T  E  A  D  Y  L  L  E
T  O  D  L  S  R  T  L  R
R  M  S  K  V  T  B  L  P
E  P  T  R  S  A  A  M  T
A  H  E  Z  T  T  A  R  H
M  C  E  S  J  T  I  T  E
D  H  P  L  S  K  F  R  B
```

SW Sounds

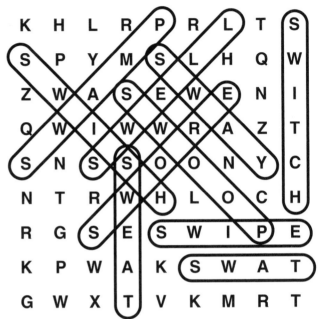

```
K  H  L  R  P  R  L  T  S
S  P  Y  M  S  L  H  Q  W
Z  W  A  S  E  W  E  N  I
Q  W  I  W  W  R  A  Z  T
S  N  S  S  O  O  N  Y  C
N  T  R  W  H  L  O  C  H
R  G  S  E  S  W  I  P  E
K  P  W  A  K  S  W  A  T
G  W  X  T  V  K  M  R  T
```

T Sounds

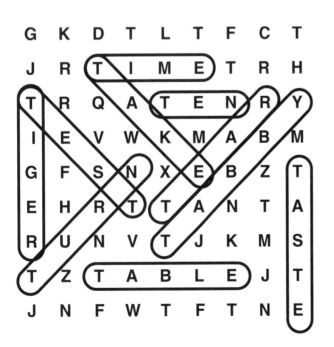

```
G  K  D  T  L  T  F  C  T
J  R  T  I  M  E  T  R  H
T  R  Q  A  T  E  N  R  Y
I  E  V  W  K  M  A  B  M
G  F  S  N  X  E  B  Z  T
E  H  R  T  A  N  T  A  A
R  U  N  V  T  J  K  M  S
T  Z  T  A  B  L  E  J  T
J  N  F  W  T  F  T  N  E
```

TH Sounds

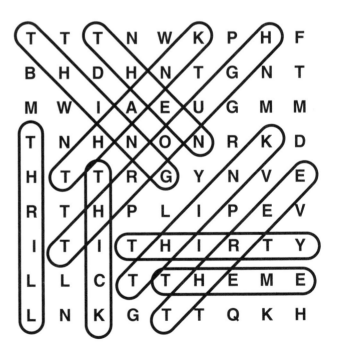

```
T  T  T  N  W  K  P  H  F
B  H  D  H  N  T  G  N  T
M  W  I  A  E  U  G  M  M
T  N  H  N  O  N  R  K  D
H  T  T  R  G  Y  N  V  E
R  T  H  P  L  I  P  E  V
I  T  I  T  H  I  R  T  Y
L  L  C  T  H  E  M  E
L  N  K  G  T  T  Q  K  H
```

62

TR Sounds

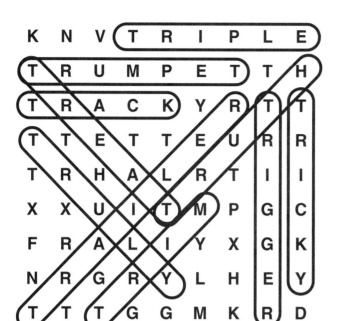

Long U Sounds

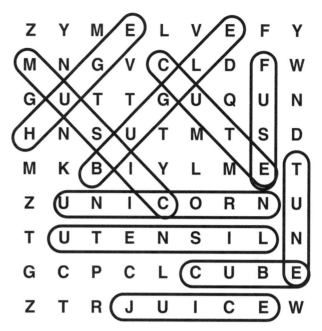

Short U Sounds

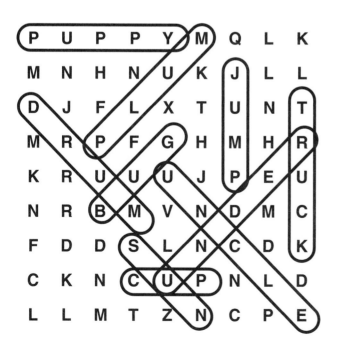

V Sounds

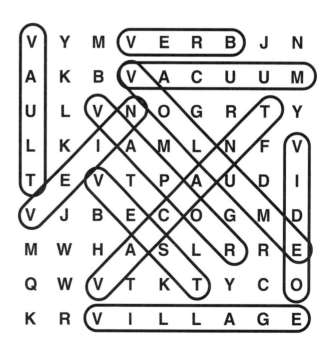

W Sounds

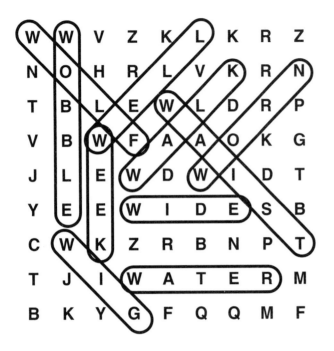

WH Sounds

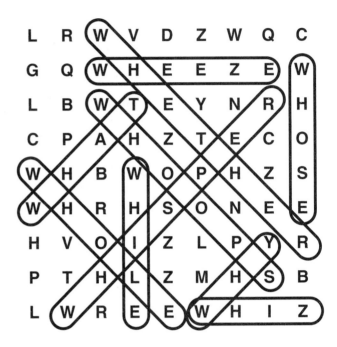

WR Sounds

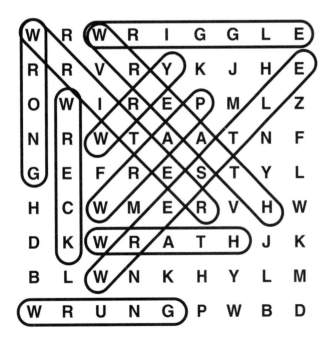

Z Sounds

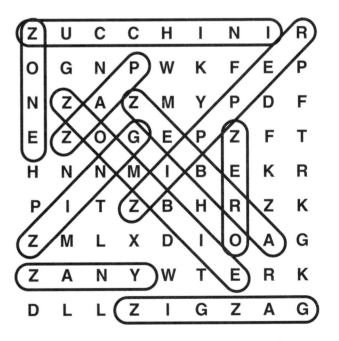